Grimoire du Sang-Fotes

L'orthographe d'usage

par Valérie FRANCOIS-MARCHANT

Grimoire du Sang-Fotes

Longtemps égaré, le grimoire du Sang-fotes vient récemment d'être retrouvé parmi d'autres babioles et amulettes, dans une tour cathare qui surplombe la Haute Vallée de l'Aude.

Sa particularité est de permettre à celui qui l'étudie de ne plus faire de fautes d'orthographe d'usage.

Son pouvoir est donc particulièrement puissant et précieux et il est naturellement convoité par les écoliers et autres étudiants qui mettent un point d'honneur à ne plus faire hurler leurs professeurs.

Le grimoire du Sang-fotes contient autant d'illustrations que de semaines dans l'année. La vue de ces dessins a le pouvoir de faire maitriser l'orthographe sans effort. Il atteint sa pleine puissance lorsque la même page est scrupuleusement observée le soir, durant une semaine : chaque règle orthographique illustrée laisse une trace indéfectible sur celui qui l'observe, le rendant ainsi savant avant la fin de l'an.

Créatrice de jeux pédagogiques et orthophoniste, c'est après de nombreuses années de recherches sur les règles d'orthographe et leurs exceptions que j'ai mis au point cette méthode originale et innovante pour ENFIN écrire sans fautes liées à l'orthographe d'usage et notamment aux consonnes doubles.

J'ai imaginé et créé des illustrations simples pour donner un accès rapide à une règle d'orthographe et à ses exceptions.

Ces planches sont l'aboutissement d'un travail personnel d'observation et d'extraction de règles, recomposées et fusionnées par mes soins, suite à ma pratique orthophonique.

Un code couleur des illustrations, simple et intuitif, sert de repère constant au contenu des règles d'orthographe.
La règle est écrite à gauche, en lettres majuscules noires avec l'orthographe ciblée en rouge et son exemple en bleu. Les exceptions sont notées à droite, en lettres minuscules vertes.

Valérie FRANÇOIS-MARCHANT

TOUS LES MOTS
COMMENÇANT PAR AM-
N'ONT QU'1 M et pas de H :
AMULETTE

Sauf : amharique, ammocète,
ammoniac, ammonite, hamac,
hamada, hamadryade, hamadryas,
hamamélis, hamburger, hameau,
hameçon, hamites, hammam,
hampe, hamster.

Et les mots de la même famille.

... et les mots de la même famille.

TOUS LES MOTS COMMENÇANT PAR ANTI-
S'ÉCRIVENT ANTI : ANTILOPE

Sauf : enthymème, enticher, entier, entité.
Et les mots de la même famille.

... et les mots de la même famille.

TOUS LES MOTS COMMENÇANT PAR ATT-
S'ÉCRIVENT AVEC 2 T : ATTENTION

Sauf : ataraxie, atavisme, ataxie, atèle (singe), atélectasie, atelier, atellane, atérien, atermoyer, athanor, athée, athèque, athermane, athérome, athlète, athrepsie, athymie ou athymhormie, atlas, atmosphère, atoll, atome, atone, atour, atours, atout, atrabile, âtre, atrium, atroce, atrophie, atropine, atypique.

Et les mots de la même famille.

... et les mots de la même famille.

TOUS LES NOMS FÉMININS TERMINÉS PAR LE SON « È » S'ÉCRIVENT AIE : RAIE

Sauf : La paix de la forêt.

TOUS LES NOMS FÉMININS TERMINÉS
PAR LE SON "È" S'ÉCRIVENT
-AIE
UNE RAIE
SAUF
La paix
de la forêt.

TOUS LES VERBES TERMINÉS PAR
-ANCHER, -ANDER, -ANGER
S'ÉCRIVENT AN
AINSI QUE LES MOTS DE LA
MÊME FAMILLE : BRANCHER,
COMMANDER, MÉLANGER

Sauf : déclencher, enclencher, pencher,
amender, appréhender, légender,
ramender, transcender, vilipender,
challenger, venger.
Et les mots de la même famille.
(attention : vengeance)

TOUS LES VERBES
TERMINÉS PAR
COMMANDER
-ANDER
-ANCHER
BRANCHER
-ANGER
MÉLANGER
S'ÉCRIVENT
AN
SAUF
ET LES MOTS
DE LA MÊME FAMILLE
MÉLANGE
BRANCHE
COMMANDE
venger
vilipender
pencher
déclencher
amender
enclencher
appréhender
légender
transcender

TOUS LES MOTS TERMINÉS PAR -ANE S'ECRIVENT ANE AVEC 1 N : CABANE

Sauf : on condamne la paysanne pour panne de vanne, la paysanne qui tient une manne, appuyée sur une canne. Ainsi que banne, couanne (tortue) et la couenne du jambon, enrubanne, fan, fibranne, rouanne, scribanne, spiranne et les mots anglais hooligan, gentleman... et chaman.

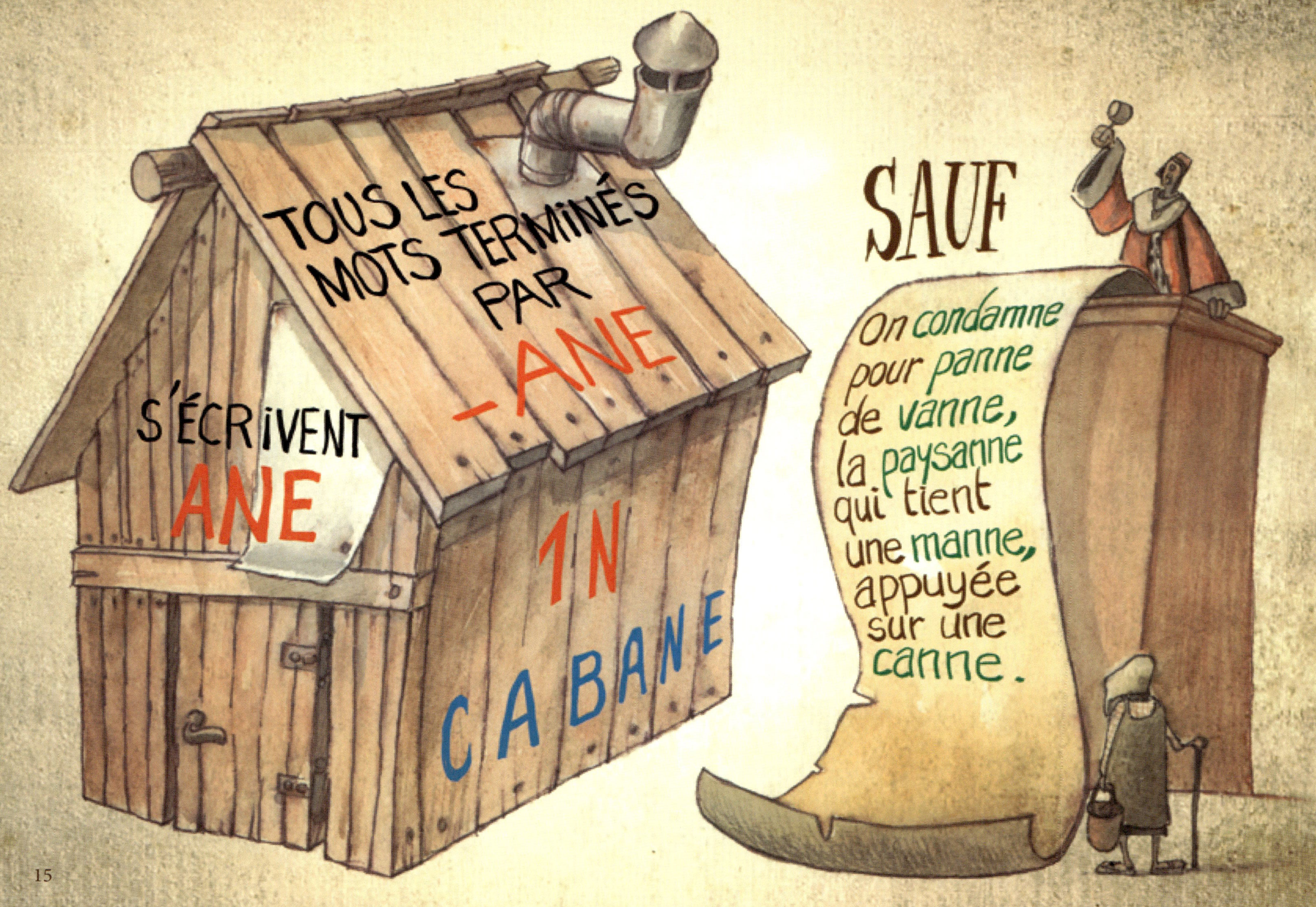
TOUS LES MOTS TERMINÉS PAR -ANE
S'ÉCRIVENT ANE
1 N
CABANE
SAUF
On condamne pour panne de vanne, la paysanne qui tient une manne, appuyée sur une canne.

LE B EST SIMPLE
DANS TOUS LES MOTS 1 B : ABEILLE

Sauf : abbasside, abbatial, abbaye, abbé, abbesse, abbevillien, dribble, gabbro, gibberella, gibbérelline, gibbeux, gibbon, gibbosité, gibbsite, hobby, kibboutz, koubba, labbe, lobby, rabbin, sabbat, scrabble, schibboleth.

Et les mots de la même famille.

… et les mots de la même famille.

TOUS LES MOTS
COMMENÇANT PAR CAL-
S'ÉCRIVENT CAL AVEC 1 L : CALAMAR

Sauf : calligraphie, callose, callosité, kala-azar, kaléidoscope, kaliémie, qualifier, qualité.
Et les mots de la même famille.

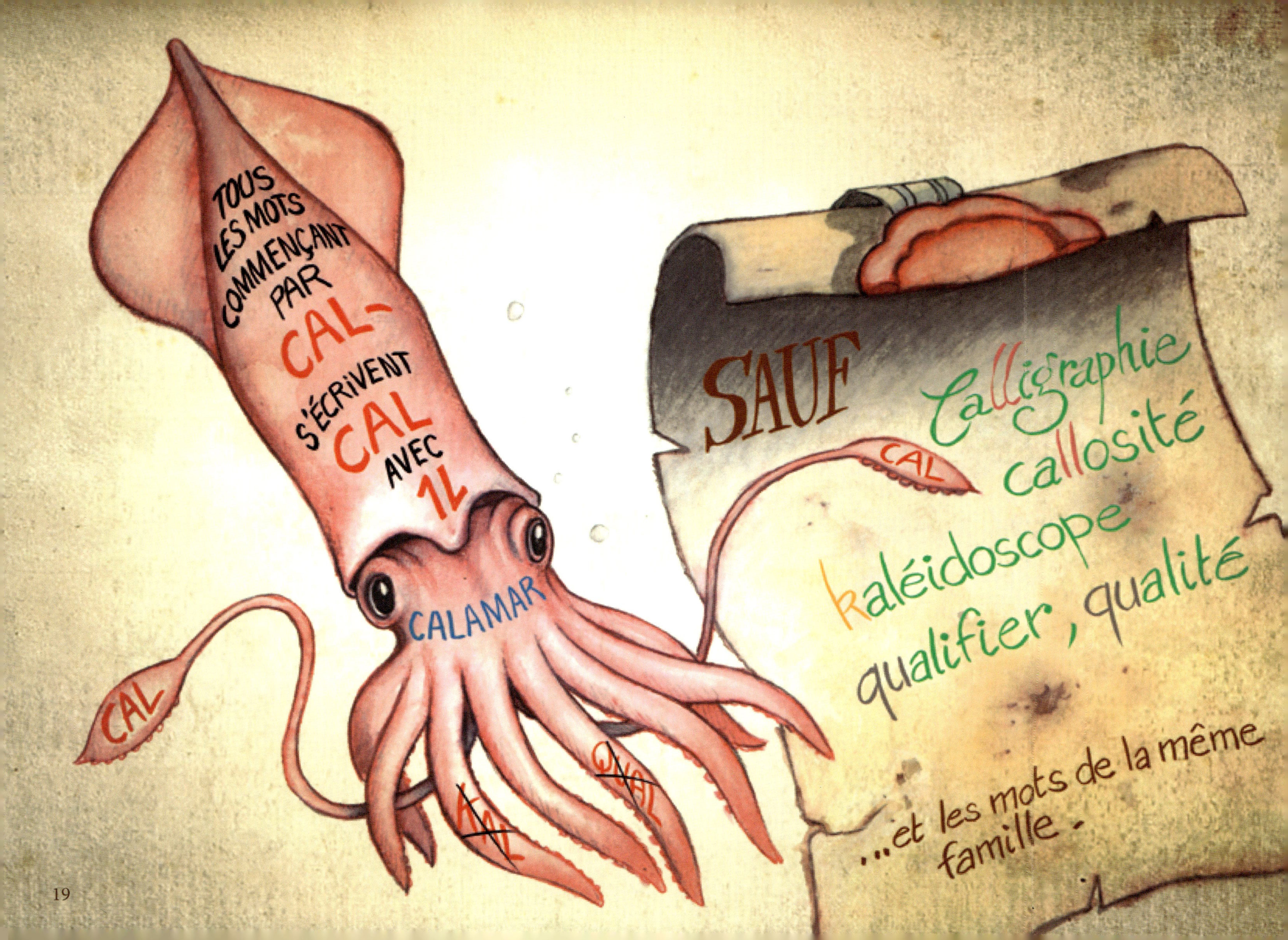
TOUS LES MOTS COMMENÇANT PAR CAL-
S'ÉCRIVENT CAL AVEC 1L
CALAMAR
CAL
CAL
KAL
QUAL
SAUF
Calligraphie
callosité
kaléidoscope
qualifier, qualité
...et les mots de la même famille.

TOUS LES MOTS COMMENÇANT PAR CHAR-
N'ONT QU'1 R : CHARANÇON

Sauf : charrée, charrier, charrette, charriage, charriot (chariot autorisé), charroi, charron, charroyer, charrue.

CHAR-
TOUS LES MOTS COMMENÇANT PAR
CHAR-
N'ONT QU'1R
CHARANÇON
charriot
charrue
charrette
charrier
charriage
charron
charroi
SAUF
...et les mots de la même famille.

TOUS LES MOTS COMMENÇANT PAR COMM-
S'ÉCRIVENT AVEC 2 M : COMMODE

Sauf : coma, comanche, comatule, comédie, comédon, comestible, comète, comice, comique, comité, comitialité.

Et les mots de la même famille.

… et les mots de la même famille.

LE D EST SIMPLE

DANS TOUS LES MOTS 1 D : CADENAS

Sauf : addax, addenda, addiction, additif, addition, adduction, adduit, bouddhisme, caddie, cheddar, cheddite, haddock, kaddish, luddisme, paddock, pudding, reddition, quiddité, sadducéen, yiddish.

Et les mots de la même famille.

... et les mots de la même famille.

TOUS LES MOTS COMMENÇANT PAR DEF-
S'ÉCRIVENT DÉF AVEC 1 F : DÉFENSE
Sauf : déphasage, déphaser, déphosphoration.

TOUS
LES MOTS
COMMENÇANT PAR
DEF-
S'ÉCRIVENT DÉF
1F PH
DÉFENSE
DÉF-
SAUF
déphasage
déphaser

TOUS LES MOTS COMMENÇANT PAR EL-
S'ECRIVENT ÉL AVEC 1 L et pas de H : ÉLÉPHANT

Sauf : elle, ellébore, ellipse, ellipticine, hélas, héler, hellénisme, hélice, hélicoptère, hélicon, héliciculture, héligare, hélio-, héliport, hélitreuillage, hélium, hélix, helvète.

Et les mots de la même famille.

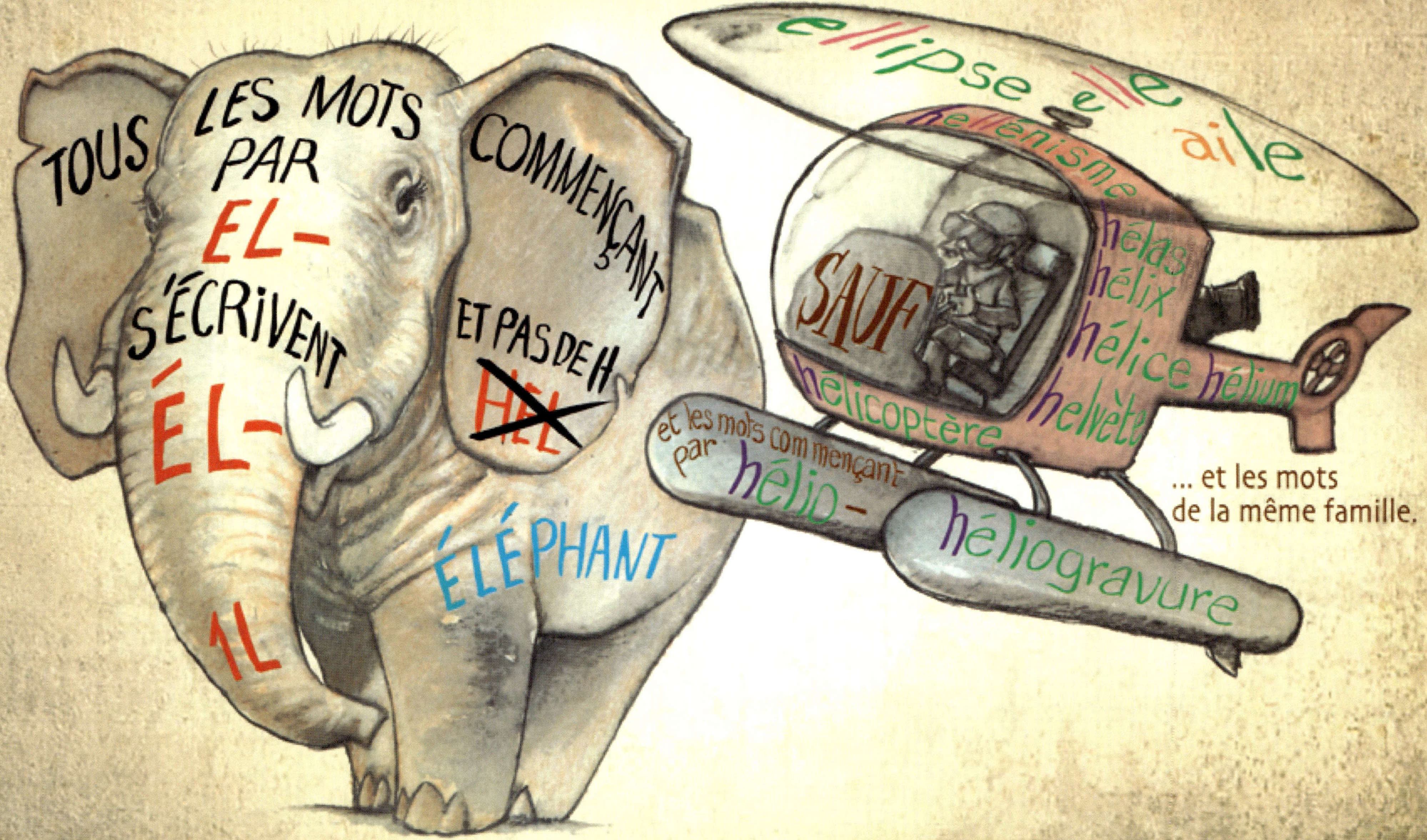

... et les mots
de la même famille.

TOUS LES NOMS MASCULINS TERMINÉS PAR -EL S'ÉCRIVENT -EL : ARCHIPEL

Sauf : cocktail, Noël, pêle-mêle, allèle, anophèle, asphodèle, érysipèle, fidèle, modèle, parallèle, protèle, sphacèle, triskèle, zèle, aselle, carpelle, entelle, flagelle, labelle (≠ label), nielle, nucelle, ocelle, pédicelle, polichinelle, rebelle, spinelle, vermicelle, violoncelle.

TOUS LES NOMS FÉMININS TERMINÉS PAR -ELLE S'ÉCRIVENT -ELLE : ÉCHELLE

Sauf : aile, béchamel, arantèle, carnèle, cautèle, chrysomèle, cicindèle, clientèle, colpocèle, fidèle, grêle, hépatocèle, hydrocèle, parallèle, parentèle, prèle, stèle, varicocèle, vièle, grêle.

CIEL
TOUS LES NOMS MASCULINS
TERMINÉS PAR
LE SON
"ÈL" S'ÉCRIVENT
-EL
ARCHIPEL
SAUF
cocktail de Noël
pêle-mêle
allèle
fidèle
modèle zèle
Parallèle
polichinelle
vermicelle
violoncelle
-ELLE
TOUS
LES NOMS
FÉMININS
TERMINÉS PAR
LE SON "ÈL"
S'ÉCRIVENT
-ELLE
ÉCHELLE
SAUF
stèle
clientèle
fidèle
parallèle
parentèle
grêle aile
béchamel

TOUS LES VERBES TERMINÉS PAR -ELER, -ETER,
SE CONJUGUENT AVEC -ÈLE, -ÈTE :
RUISSELER → IL RUISSÈLE,
ETIQUETER → IL ÉTIQUÈTE,
ET LES NOMS DÉRIVÉS : RUISSÈLEMENT

Sauf : appeler → j'appelle, tu appelles, il(s) appelle(nt)
et jeter → je jette, tu jettes, il(s) jette(nt), au présent, futur simple,
subjonctif et conditionnel présent.

...et les verbes de la même famille.

TOUS LES MOTS
COMMENÇANT PAR EP-
N'ONT QU'1 P et pas de H : ÉPUISETTE

Sauf : héparine, hépatite et les mots commençant par *hepta* (7 en grec).
Et les mots de la même famille.

... et les mots de la même famille.

TOUS LES MOTS COMMENÇANT PAR ET-
N'ONT QU'1 T et pas de H : ÉTAGERE

Sauf : éthane, éther, ethmoïde, ethnie, éthyle, éthylène, éthique, ethnarchie, hétaïre, hêtre et les mots commençant par hétéro-, ethno-, étho- comme éthologie.

Et les mots de la même famille.

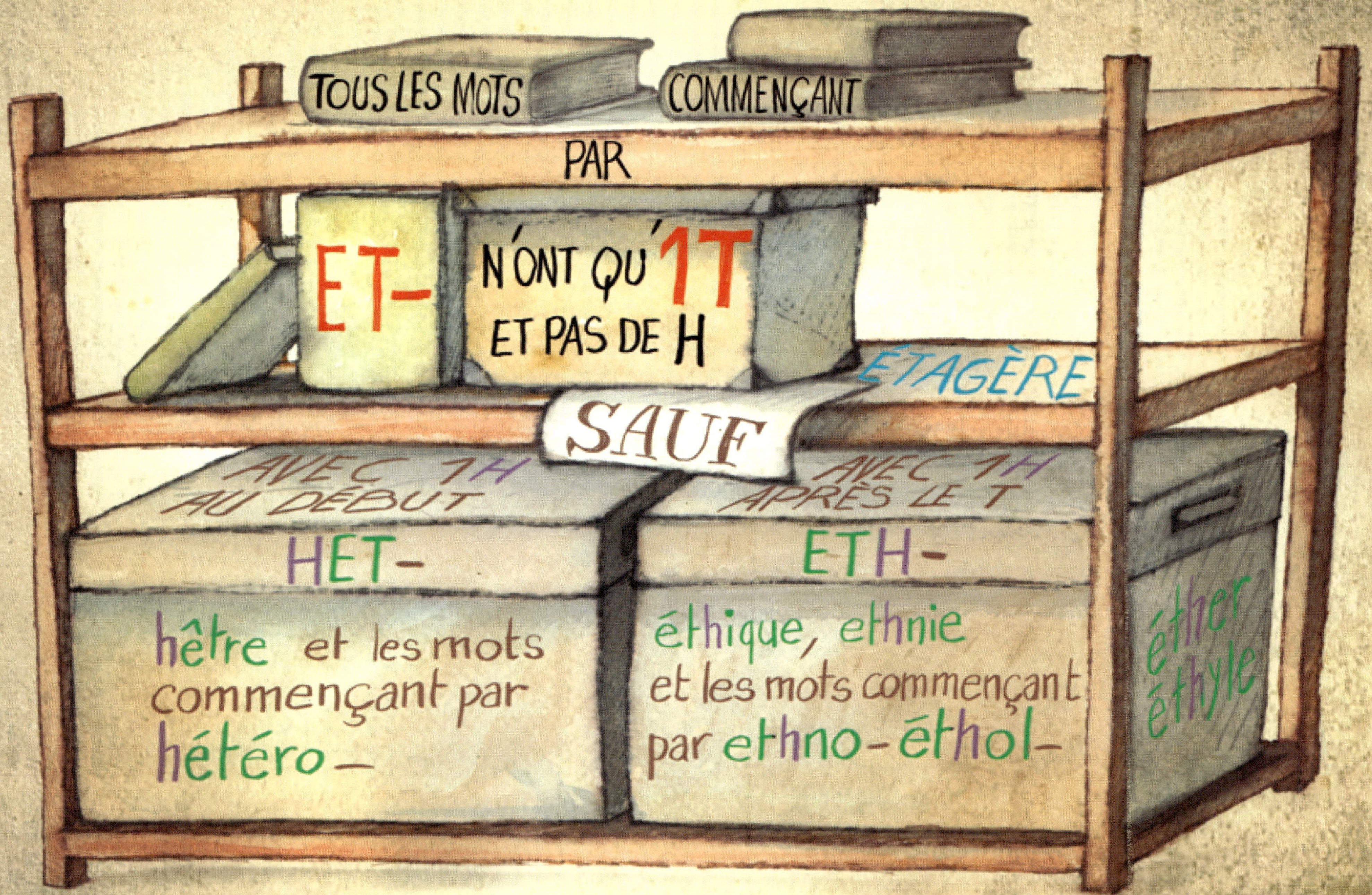
TOUS LES MOTS
COMMENÇANT
PAR
ET-
N'ONT QU'1T
ET PAS DE H
SAUF
ÉTAGÈRE
AVEC 1H
AU DÉBUT
HET-
hêtre et les mots
commençant par
hétéro-
AVEC 1H
APRÈS LE T
ETH-
éthique, ethnie
et les mots commençant
par ethno-éthol-
éther
éthyle

**TOUS LES VERBES TERMINÉS
PAR LE SON « INDRE »
S’ÉCRIVENT -EINDRE : PEINDRE,
ET LES MOTS DE LA MÊME FAMILLE
S’ÉCRIVENT EIN : PEINTURE**

Sauf : contraindre, craindre, plaindre.
Et les mots de la même famille s’écrivent AIN.

TOUS LES VERBES
TERMINÉS PAR
LE SON
" INDRE "
S'ÉCRIVENT
EINDRE
ET LES MOTS DE LA
MÊME FAMILLE
S'ÉCRIVENT EIN.
PEINDRE
ÉTEINDRE
PEINTURE
SAUF
plaindre,
craindre, contraindre

TOUS LES VERBES TERMINÉS PAR LE SON « ENDRE »
S'ÉCRIVENT -ENDRE : ETENDRE, SUSPENDRE
ET LES MOTS DE LA MÊME FAMILLE
S'ÉCRIVENT EN : SUSPENSION

Sauf : répandre, épandre.
Et les mots de la même famille s'écrivent AN.

TOUS LES VERBES
TERMINÉS PAR LE SON "ENDRE"
S'ÉCRIVENT ENDRE
SUSPENDRE
ÉTENDRE
LES MOTS DE LA MÊME FAMILLE S'ÉCRIVENT EN
SUSPENSION
SAUF
répandre
épandre

TOUS LES NOMS FÉMININS TERMINÉS PAR LE SON « ESSE » S'ÉCRIVENT -ESSE : TRESSE

Sauf : ma nièce, en laisse, paie à la baisse, le prix d'une pièce, une espèce de caisse de bouillabaisse pleine de graisse et de fèces.

TOUS LES NOMS FÉMININS TERMINÉS PAR LE SON "ESSE" S'ÉCRIVENT
-ESSE
TRESSE
SAUF
Ma nièce, en laisse, paie à la baisse, le prix d'une pièce, une espèce de caisse de bouillabaisse pleine de graisse.

TOUS LES MOTS TERMINÉS PAR LE SON « EUR »
S'ÉCRIVENT -EUR : LA FLEUR

Sauf : d'ailleurs, selon plusieurs mœurs c'est un leurre d'apporter sans heurt et à l'heure le beurre et le babeurre dans la demeure, en chantant en chœur, de tout son cœur et sans rancoeur, avec sa sœur qui est une mineure et une supérieure avec sa prieure qui est une majeure.

TOUS LES MOTS TERMINÉS
PAR LE SON "EUR" S'ÉCRIVENT
-EUR
-EUR
L'ODEUR DE LA FLEUR
SAUF
choeur
cœur
rancœur
sœur
mœurs
plusieurs
ailleurs
l'heure
un heurt
beurre
demeure
leurre
une majeure
une mineure

TOUS LES MOTS COMMENÇANT PAR
AFF-, EFF-, OFF-, DIFF-, SUFF-, SOUFF-, SIFF-,
ONT 2 F : AFFICHE

Sauf : Afghanistan, aficionado, afin, afibrinogénémie , afocal, Afrique, aphone, aphte, diphasé, diphtérie, diphtongue, éfaufiler, éfourceau, éphédra, éphèbe, éphémère, éphélide, éphéméride, éphippigère, éphod, éphore, oflag, ophidien, ophtalmologie, sifilet, siphon, soufisme, soufre, syphilis.

... et les mots
de la même famille.

LE G EST SIMPLE
DANS TOUS LES MOTS 1 G : MYGALE

Sauf : toboggan, agglomérer, agglutiner, aggraver, groggy, jogging, loggia, reggae, suggérer, yggdrasil, ziggourat.
Et les mots de la même famille.

... et les mots de la même famille.

TOUS LES MOTS COMMENÇANT PAR HABI-
S'ÉCRIVENT AVEC 1 H : HABIT

Sauf : abime(r) (abîme autorisée),
abiétin, abigeat, abysse, abyssal.

... et les mots de la même famille.

H, J, K, Q, V, W, X, Z : DANS TOUS LES MOTS CES LETTRES NE SONT JAMAIS DOUBLÉES

Sauf : drakkar, trekking, akkadien, wahhabisme.

Et les mots de la même famille.

DANS TOUS LES MOTS, LES LETTRES SUIVANTES NE SONT JAMAIS DOUBLÉES
AVION
H
J
K
Q
V
W
X
SAUF
drakkar
trekking
akkadien
wahhabisme

TOUS LES MOTS COMMENÇANT PAR ILL- ONT 2 L ET PAS DE H : ILLUMINATION

Sauf: Hilalien, hilare, hiloire, hile, ile, ilien, ilot iléus, Iliade, ilicacées, iliaque, ilion, ilménite.

Et les mots de la même famille.

TOUS LES MOTS
COMMENÇANT PAR
ill-
ONT 2L
2L
ILL-
ILLUMINER
Hil
SAUF
hiloire
hilare
iliaque
hile
ilion
ile
ilot
...et les mots de la même famille.

TOUS LES MOTS COMMENÇANT PAR IMM-
S'ÉCRIVENT AVEC 2 M et pas de H : IMMEUBLE
Sauf : image, imaginer, imago, imam, imide, imiter, himation, Himalaya.
Et les mots de la même famille.

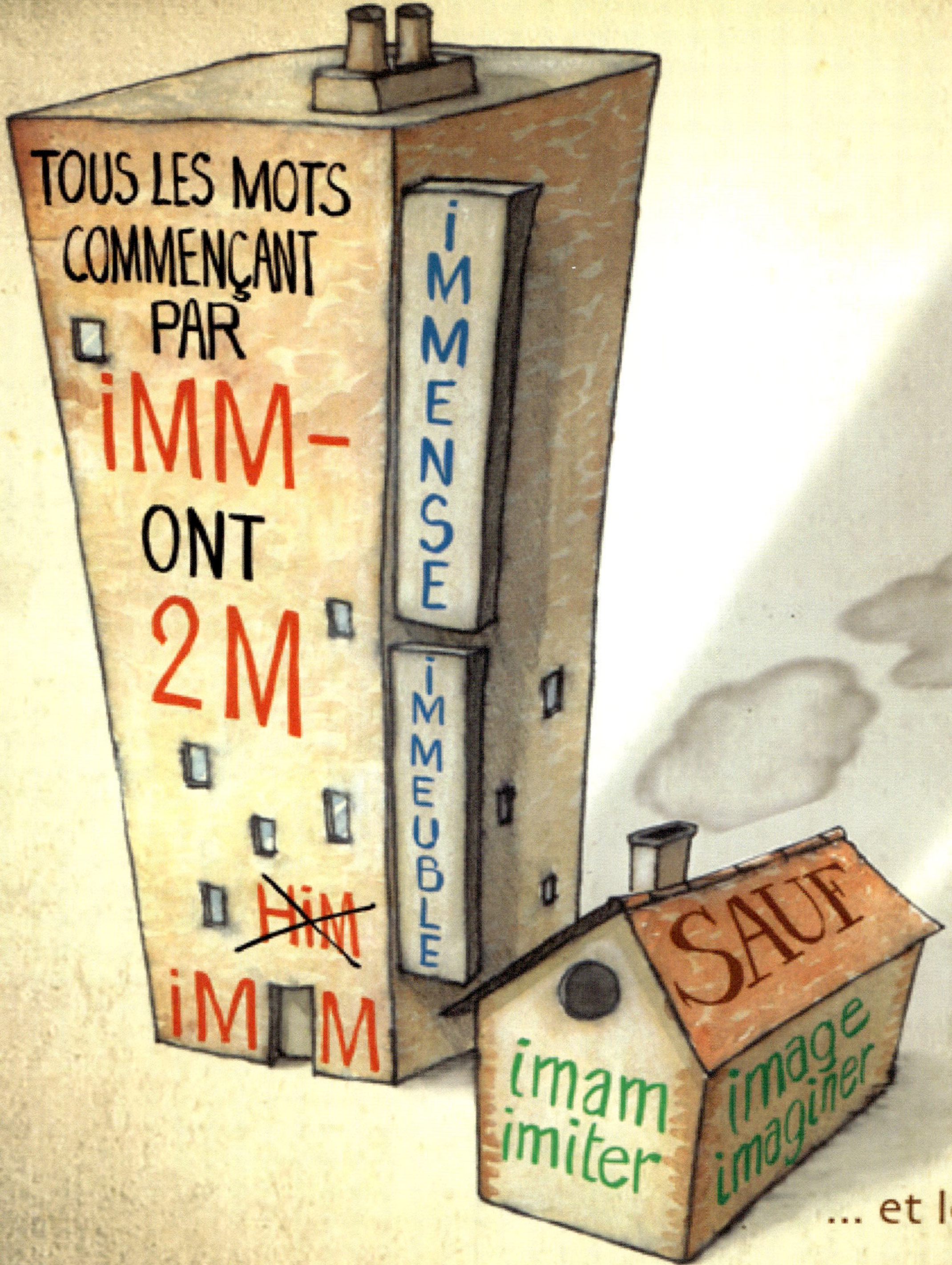

... et les mots de la même famille.

TOUS LES MOTS COMMENÇANT PAR IRR-
S'ÉCRIVENT AVEC 2 R : IRRADIER

Sauf : hircin, hirondelle, hirsute, hirudinées, Irak, Iran, irascible, ire, irénique, iridacées, iridescent, iridium, iris, irisé, Irlande, ironie, iroquois.

Et les mots de la même famille.

SAUF
On subit l'ire de l'iroquois hirsute et irascible regardant avec ironie l'hirondelle tenant une iris irisée.
iRR
2R
TOUS LES MOTS COMMENÇANT PAR iRR- ONT 2R ET PAS DE H
iRRADiATiON
H
...et les mots de la même famille.

TOUS LES NOMS FÉMININS TERMINÉS PAR LE SON « I »
S'ÉCRIVENT -IE : SCIE

Sauf : à la merci et à l'envi près de l'abbaye, la brebis, la fourmi, la perdrix, la souris mais aussi une houri, une maharani, une rani, une cuti, une obi, une péri n'ont pas trouvé de e dans la nuit.

TOUS LES NOMS FÉMININS TERMINÉS PAR LE SON "i" ONT IE.
SCIE
-IE
SAUF : Près de l'abbaye, à la merci et à l'envi, la fourmi, la souris, la brebis et la perdrix, n'ont pas trouvé de e dans la nuit.

TOUS LES MOTS TERMINÉS PAR LE SON « IF »
S'ÉCRIVENT -IF : CANIF

Sauf : agriffe, anaglyphe, anatife, apocryphe, attife, calife, chiffe, escogriffe, glyphe, griffe, hiéroglyphe, hippogriffe, logogriphe, pontife, triglyphe, brief, leitmotiv.

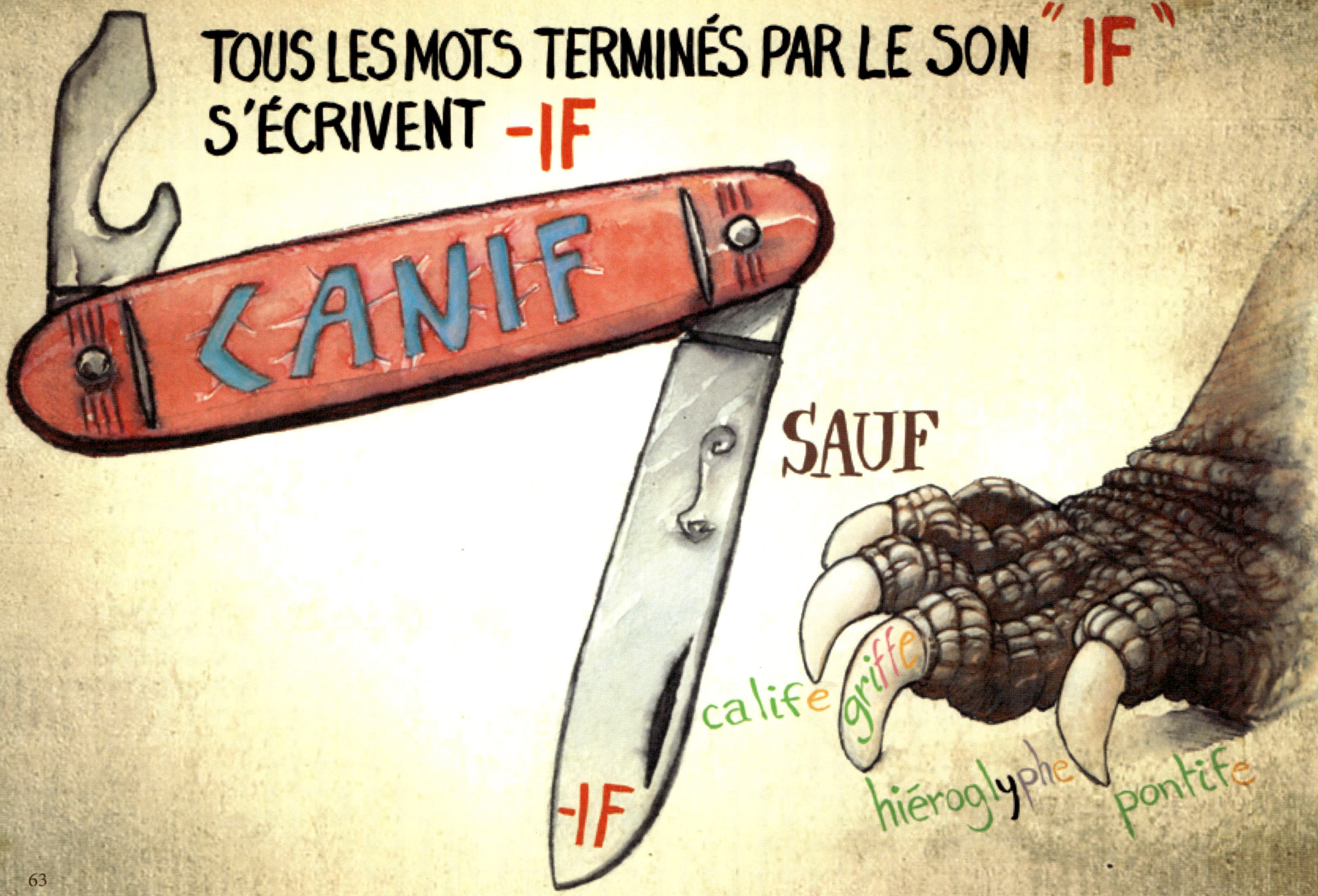
TOUS LES MOTS TERMINÉS PAR LE SON "IF"
S'ÉCRIVENT -IF
CANIF
-IF
SAUF
calife
griffe
hiéroglyphe
pontife

TOUS LES MOTS COMMENÇANT PAR MAL-
S'ÉCRIVENT AVEC 1 L : MALÉDICTION

Sauf : malle, malléable, malléole, mallette, mallophage.
Et les mots de la même famille.

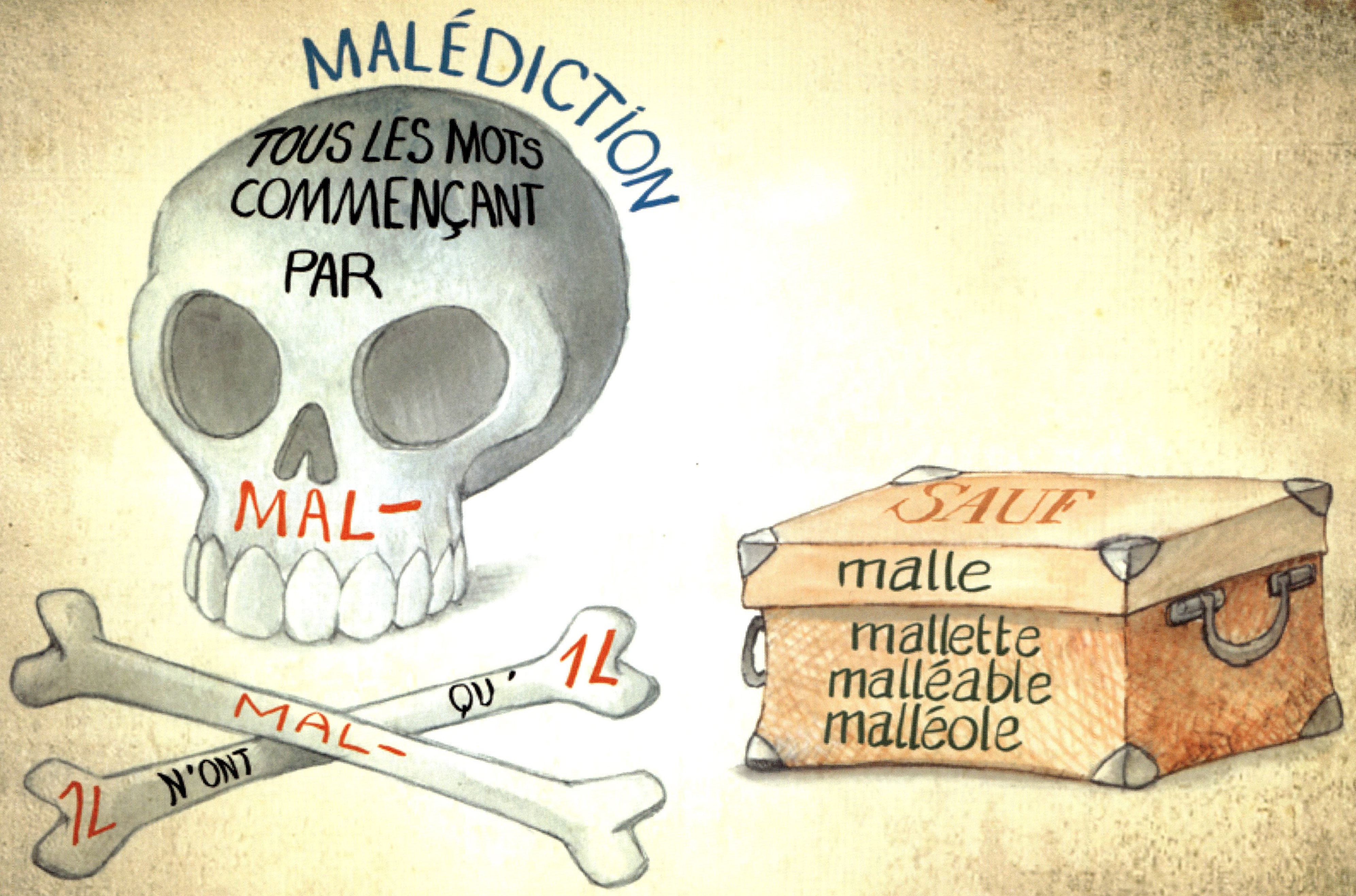
MALÉDICTION
TOUS LES MOTS COMMENÇANT PAR
MAL-
N'ONT QU' 1L
1L
MAL-
1L
SAUF
malle
mallette
malléable
malléole

TOUS LES MOTS COMMENÇANT PAR MAR- S'ÉCRIVENT AVEC 1 R : MARELLE

Sauf : on va se marrer avec ma marraine, une marrane marrie (affligée) qui en a marre des marrons et des marrubes.

Et les mots de la même famille.

… et les mots de la même famille.

TOUS LES VERBES TERMINÉS PAR -MER
N'ONT QU'1 M : PARFUMER

Sauf : assommer, consommer,
enflammer, gommer, nommer,
programmer, sommer.
Et les mots de la même famille.

...et les mots de la même famille ont 2m.

LE N SE TRANSFORME EN M DEVANT M, B, P : BOMBE

Sauf : avec 1 N : néanmoins avoir de l’embonpoint
avec les bonbons de la bonbonnière et la bonbonne.

LE N
SE TRANSFORME
EN M DEVANT
B P M
M—B
—P
—M
BOMBE
LAMPE
EMMENER
TIMBRE
SAUF
Néanmoins avoir de l'embonpoint
avec les bonbons de la
bonbonnière et la bonbonne.

TOUS LES MOTS COMMENÇANT PAR AN-, EN-, IN-, ON-, UN- S'ÉCRIVENT AVEC 1 N : ANACONDA

Sauf : annales, annamite, annates, année, anneau, annexe, annelet, annélides, annihiler, anniversaire, annoncer, annoter, annone, annuaire, annulaire, annuler, annulocyte, annuloplastie, enneiger, ennemi, ennoblir, ennui, inné, innommable, innominé, innombrable, innocent, innocuité, innové.

Et les mots de la même famille.

TOUS LES MOTS COMMENÇANT PAR AN- EN- ON- UN- IN- N'ONT QU'1N
1N
ANIMAL
ANACONDA
ÉNERVER
ENIVRER
ONÉREUX
ONIRIQUE
UNIFORME
UNITÉ
1N
INADVERTANCE
INOUÏ
SAUF
anneau
année
annexe
annihiler
anniversaire
annoncer
annoter
annuaire
annulaire
annuler
enneiger
ennemi
ennoblir
ennui
inné
innocent
innocuité
innombrable
innommable
innover
... et les mots de la même famille.

TOUS LES MOTS COMMENÇANT PAR OP-
S'ÉCRIVENT AVEC 1 P : OPÉRATION

Sauf : oppidum, opportun, opposer, oppresser, opprimer, opprobre.

Et les mots de la même famille.

TOUS LES MOTS
+ COMMENÇANT
PAR OP- N'ONT

= QU'1P
OPÉRATION

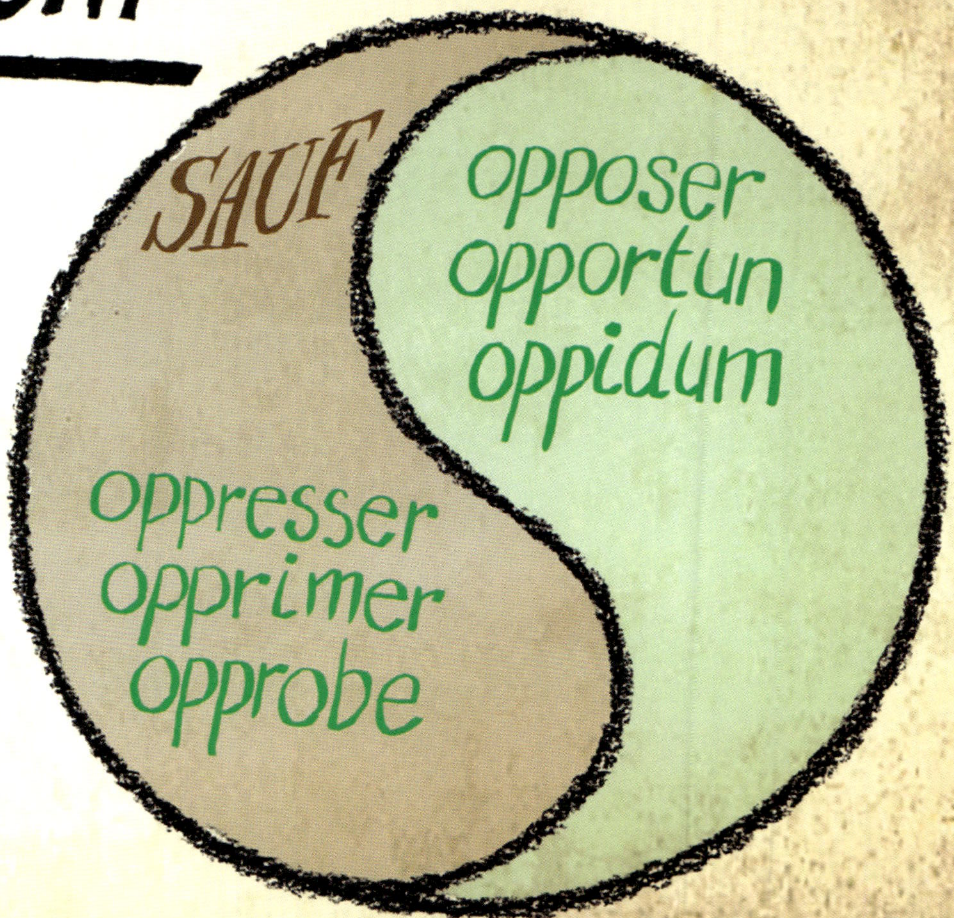

... et les mots de la même famille.

TOUS LES NOMS FÉMININS TERMINÉS PAR -OIE

ONT 1 E : OIE

Sauf : Ma foi de par la loi, avec ma voix je dis une fois que devant la paroi, il y a de la poix sur la noix près de la croix.

SAUF

Ma foi, de par la loi,
avec ma voix, je dis
une fois que devant
la paroi, il y a de la poix
sur la noix près de
la croix

TOUS LES VERBES EN OIR N'ONT PAS DE E : VOIR

Sauf : boire, croire, accroire.
Ne pas confondre le verbe VOIR avec la conjonction VOIRE qui sert à unir deux mots ou groupes de mots avec une notion de gradation (voire = et même)
« il restera ici deux jours voire trois jours ».

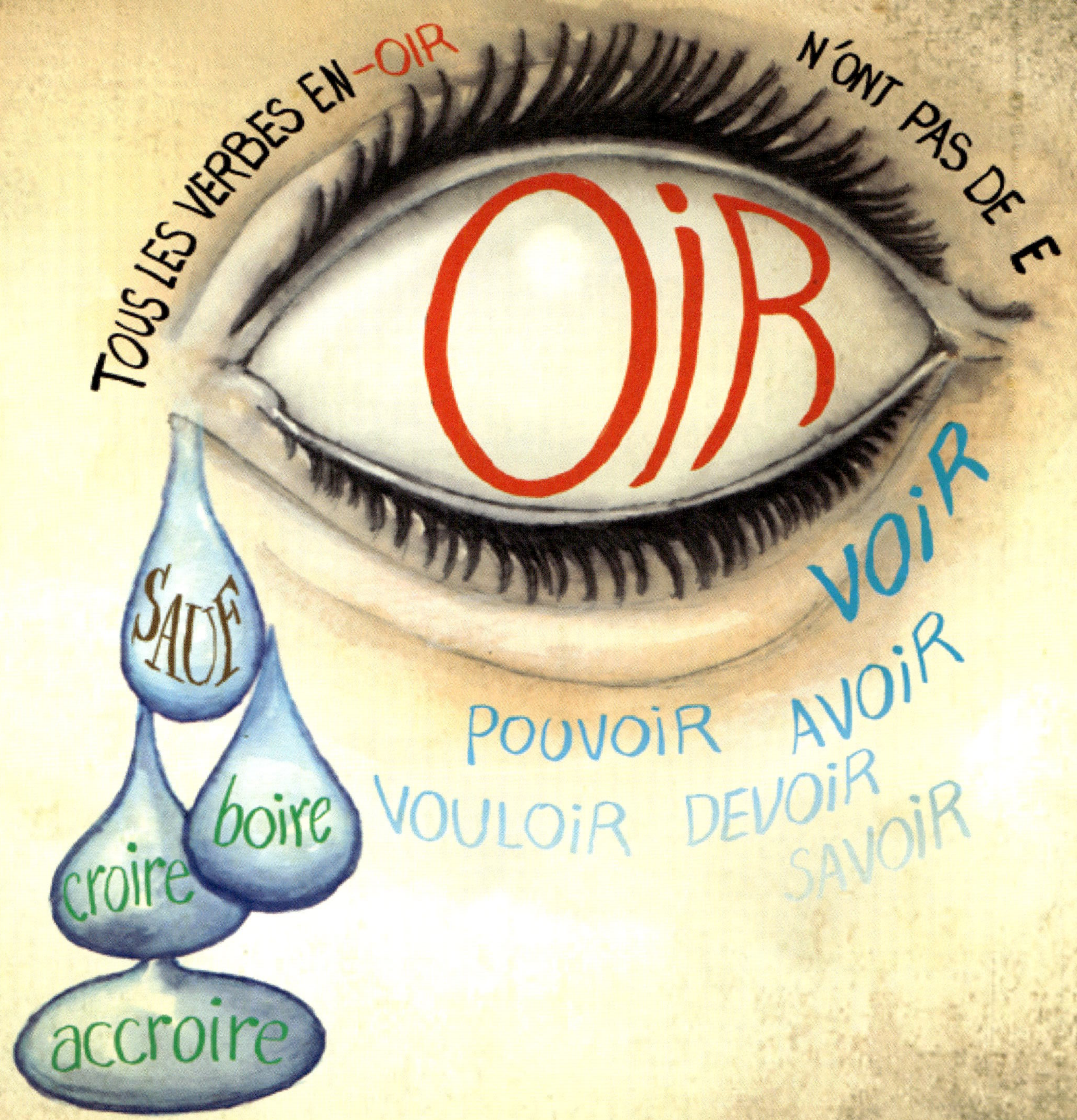
TOUS LES VERBES EN-OIR N'ONT PAS DE E
OiR
VOiR
POUVOiR AVOiR
VOULOiR DEVOiR
SAVOiR
SAUF
boire
croire
accroire

TOUS LES NOMS FÉMININS TERMINÉS PAR -OLE S'ÉCRIVENT -OLE ET N'ONT QU'1 L : GONDOLE

Sauf : colle, folle, molle (girolle, fumerolle autorisées).

OLE
TOUS LES NOMS FÉMININS
TERMINÉS PAR -OLE S'ÉCRIVENT -OLE AVEC 1L
GONDOLE
OLE
colle
SAUF
folle
molle

TOUS LES NOMS FÉMININS
TERMINÉS PAR -OUE
ONT 1 E : ROUE

Sauf : la toux

TOUS LES NOMS FÉMININS TERMINÉS PAR -OUE
ONT 1E
OUE
ROUE
BOUE
MOUE
PROUE
JOUE
SAUF
La toux

TOUS LES MOTS CONTENANT LA SYLLABE OUFF ONT 2 F : BOUFFON

Sauf : Le maroufle se camoufle et s'emmitoufle dans ses moufles et pantoufles, près du mouflon sentant le soufre, Ouf !

Et les mots de la même famille.

(boursouflé autorisé).

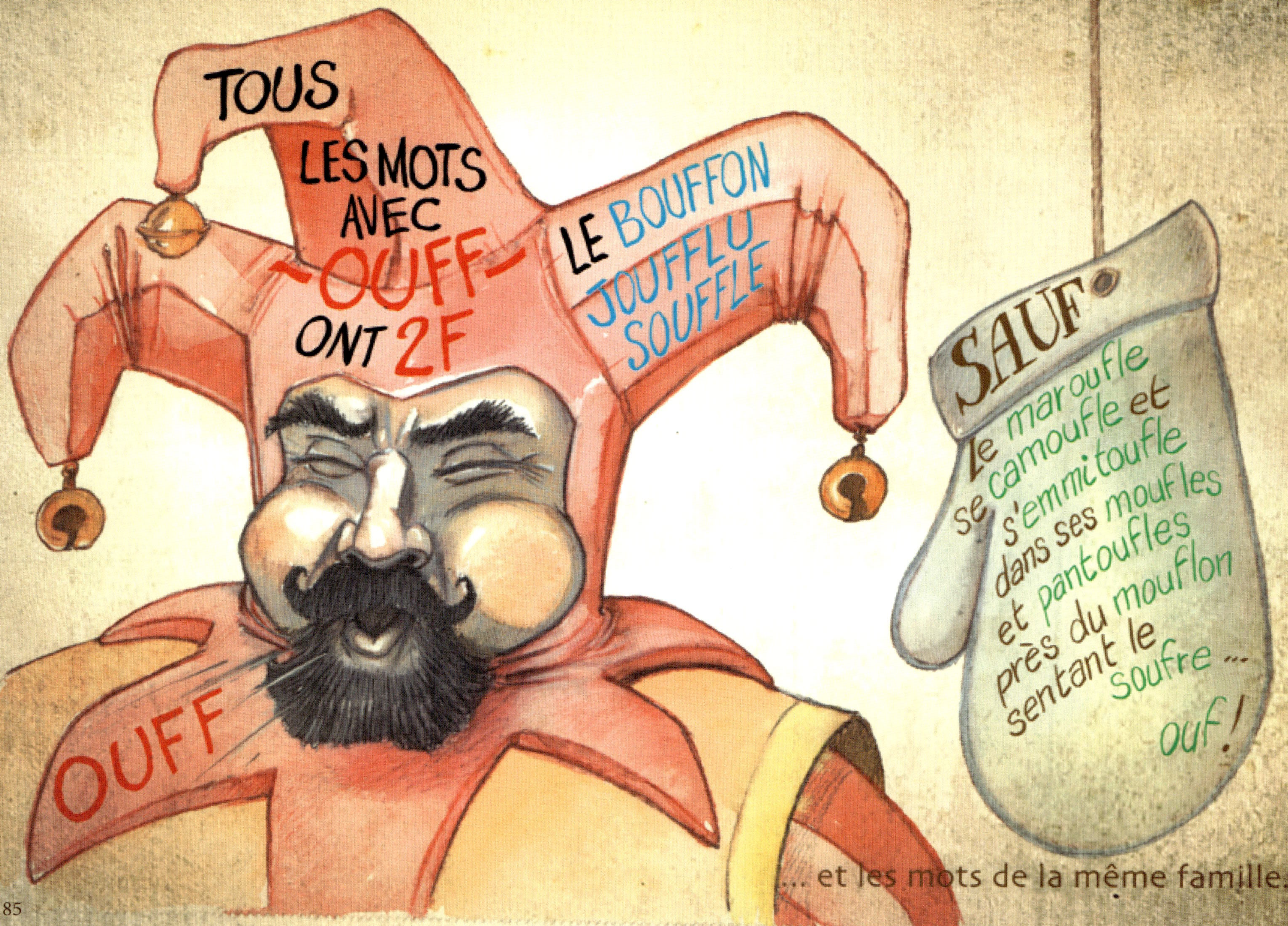

... et les mots de la même famille.

TOUS LES MOTS TERMINÉS PAR -OUR S'ÉCRIVENT OUR : TOUR

Sauf : à rebours, atours,
le balourd, bourre,
bourg, bravoure,
cours (d'orthographe),
chasse à courre,
court (de tennis) débours,
décours, gourd, hourd, lourd,
mamours, toujours, tourd,
sourd, velours, et les composés
de cours : concours, discours,
parcours, recours, secours.

O U R
TOUS LES MOTS TERMINÉS PAR -OUR S'ÉCRIVENT
OUR
TOUR
SAUF
le sourd
lourd
le balourd
le bourg
la bourre
la bravoure
atours
à rebours
mamours
le velours
et
chasse à courre
cours d'orthographe
court de tennis
cour de ferme
c'est court
et toujours les composés :
parcours, secours
recours
concours
discours

TOUS LES MOTS COMMENÇANT PAR PAR-
S’ÉCRIVENT AVEC 1 R : PARACHUTE

Sauf : parrain, parricide.
Et les mots de la même famille.

TOUS LES MOTS COMMENÇANT PAR
PAR- N'ONT QU'1R
PARACHUTE
PARESSE
PARUTION
PARI
PARASITE
PARALLÈLE
PARADIS
PAR
1R
SAUF
parrain, parricide
... et les mots de la même famille.

TOUS LES MOTS COMMENÇANT PAR SOL-
S'ÉCRIVENT AVEC 1 L : SOLEIL

Sauf : solliciter, sollicitude.

Et les mots de la même famille.

TOUS
LES MOTS
COMMENÇANT
PAR
SOL-
N'ONT QU'1L
SOLEIL
SAUF
solliciter
sollicitude
...et les mots de la
même famille.

TOUS LES MOTS COMMENÇANT PAR SUPP-
S'ÉCRIVENT AVEC 2 P : SUPPOSITOIRE

Sauf : supérette, supinateur, supination, supion
et les mots commençant par super-, supra-, et suprême,
suprématie, suprématisme.
Et les mots de la même famille.

TOUS LES MOTS COMMENÇANT PAR
SUPP
SUPP_ ONT 2 P SUPPOSITOIRES en SUPPLÉMENT
SAUF les mots commençant par
super-
supra-
suprèm-
et
suprême
superstition
suprématie

TOUS LES MOTS COMMENÇANT PAR :

BAT-, CAT-, CHAT-, DAT-, FAT-, GAT-, LAT-, MAT-, NAT-, PAT-, RAT-, SAT-, TAT-,

S'ÉCRIVENT AVEC 1 T : CATAPULTE

Sauf : batterie, battre, battiture, cattleya, la datte du dattier, gatte, gattillier, latte, matte, natte, patte d'animal, patte-d'oie, pattemouille, pattern (schéma à valeur explicative), rattacher, rattraper.

Et les mots de la même famille.

TOUS LES MOTS
CATAPULTE
COMMENÇANT PAR
BAT-
CAT- CHAT- DAT-
FAT- GAT- LAT- MAT- NAT- PAT-
RAT- SAT- TAT-
N'ONT QU'
1T
BATEAU
CHATON CHATIÈRE
DATE FATAL GÂTEAU
LATITUDE MATIN NATURE
PATIN RATURE SATIRE
TATOUAGE
SAUF
datte du dattier
natte
patte d'animal
latte
chatte
chattemite
chatterie
batterie
battre
batte
rattacher
rattraper
jatte
... et les mots de la même famille.

TOUS LES NOMS FÉMININS TERMINÉS PAR LE SON « U » ONT 1 E : TORTUE

Sauf : la vertu de la glu est vantée par la tribu de sa bru.

TOUS
LES NOMS FÉMININS
TERMINÉS PAR
LE SON "U"
ONT 1 E
-UE
TORTUE
-UE
-UE
bru
vertu
tribu
SAUF glu

TOUS LES VERBES TERMINÉS PAR -UIRE
ONT 1 E : CUIRE

Sauf : fuir, s'enfuir, s'amuïr
et les verbes terminés par OUIR, enfouir.

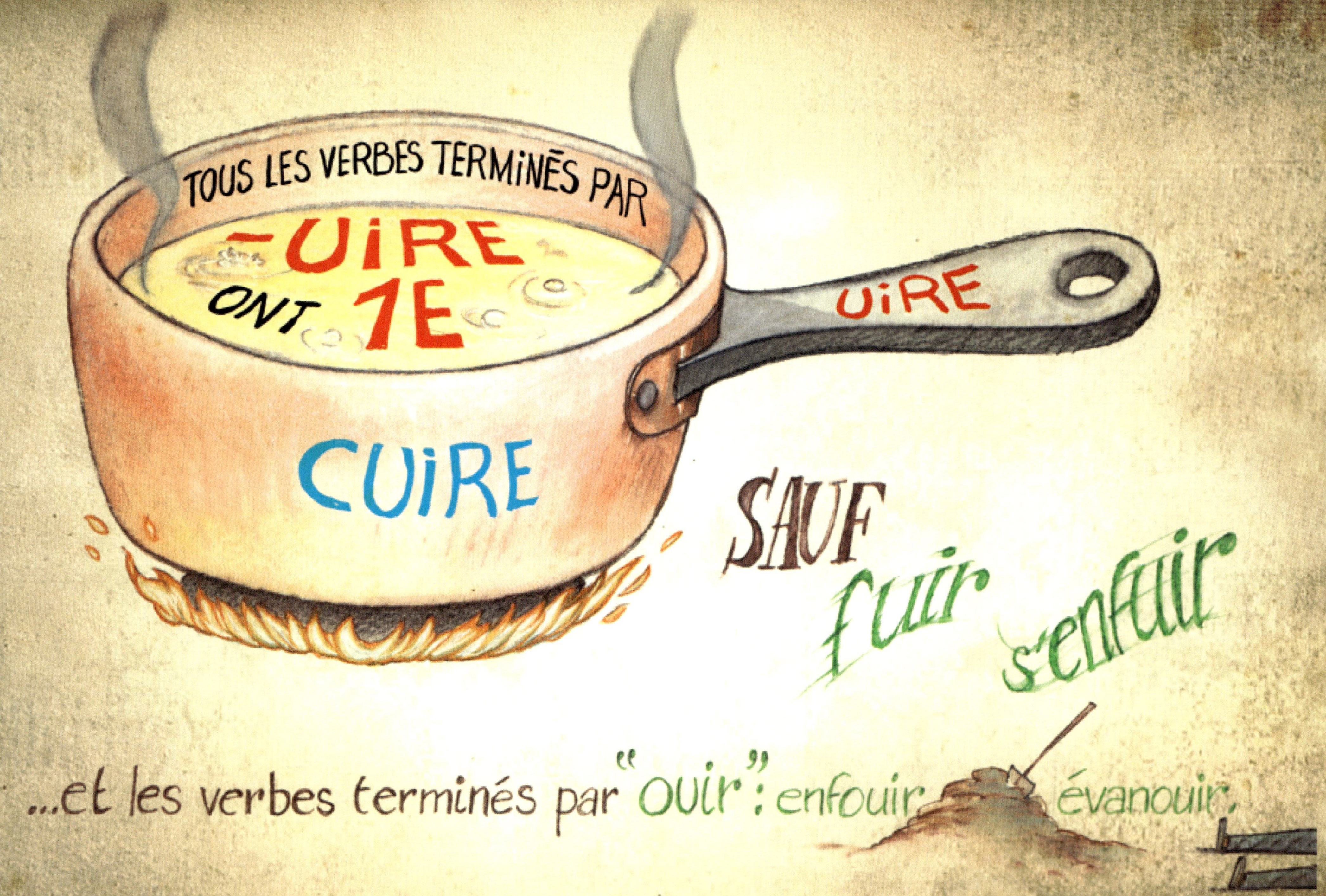
TOUS LES VERBES TERMINÉS PAR
-UIRE
ONT 1E
CUIRE
UIRE
SAUF
fuir
s'enfuir
...et les verbes terminés par "ouir": enfouir évanouir.

TOUS LES NOMS TERMINÉS PAR LE SON « ULE » S'ÉCRIVENT -ULE : TENTACULE

Sauf : bulbul, calcul, caracul, consul, cul, cucul, cumul, recul, pull, bulle, cuculle, un nul, une nulle, tulle.

TOUS LES NOMS TERMINÉS PAR LE SON "UL" S'ÉCRIVENT -ULE
PILULE
SCRUPULE
GÉLULE
TENTACULE
PENDULE
ULE
CELLULE
VÉHICULE
SAUF
bulle
une nulle
cuculle
pull
tulle
calcul
consul
cumul
un nul
recul

TOUS LES NOMS TERMINÉS PAR LE SON « URE »
S'ÉCRIVENT -URE : CEINTURE

Sauf : azur, clair-obscur, fémur, au fur et à mesure,
futur, imprimatur, mur.

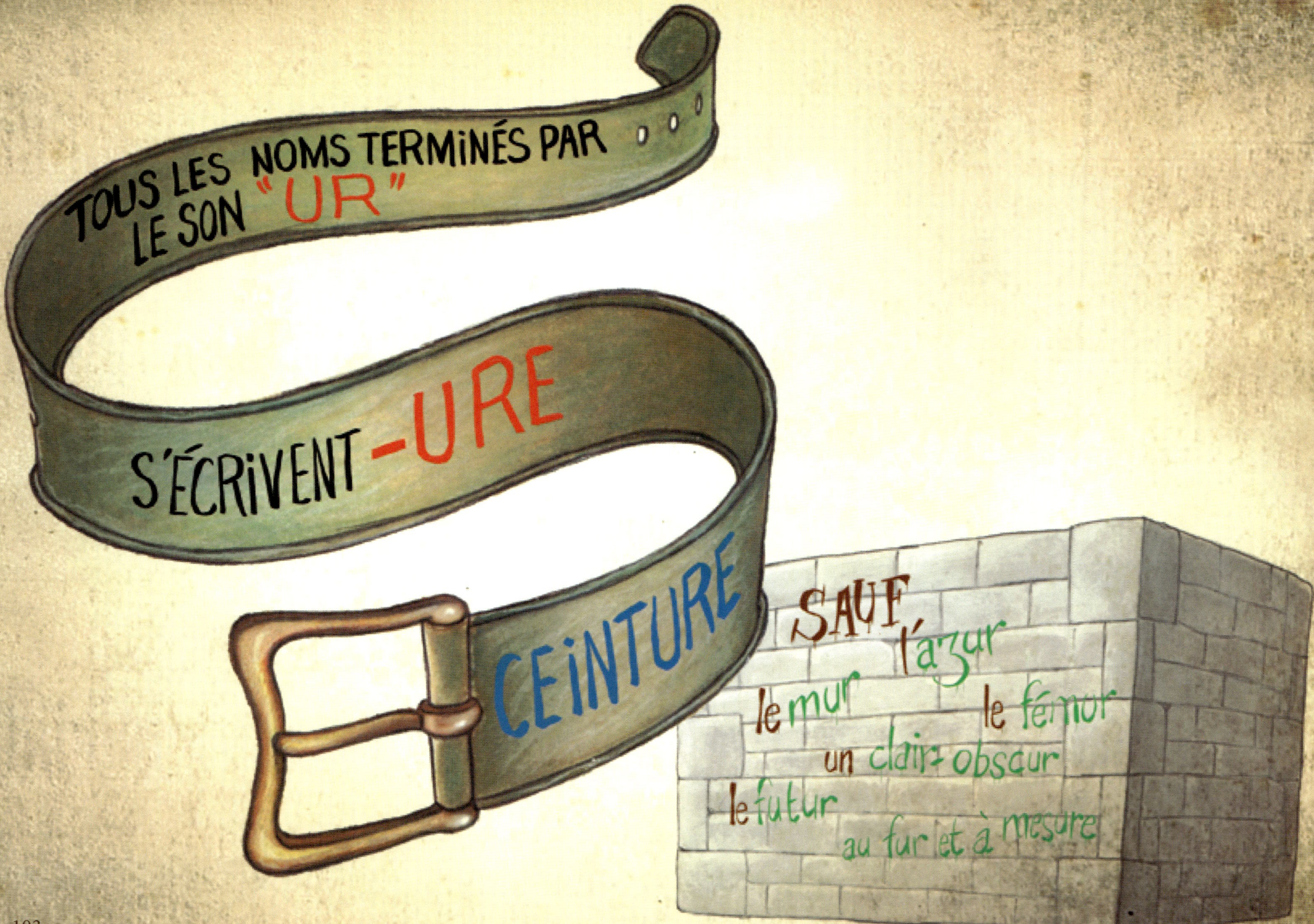
TOUS LES NOMS TERMINÉS PAR
LE SON "UR"
S'ÉCRIVENT -URE
CEINTURE
SAUF,
l'azur
le mur
le fémur
un clair-obscur
le futur
au fur et à mesure

**LE Z EST SIMPLE
DANS TOUS LES MOTS
1 Z : AMAZONE**

Sauf : puzzle, buzz, grizzli,
jazz, pizza, muezzin, blizzard,
mezzanine, paparazzi, razzia.

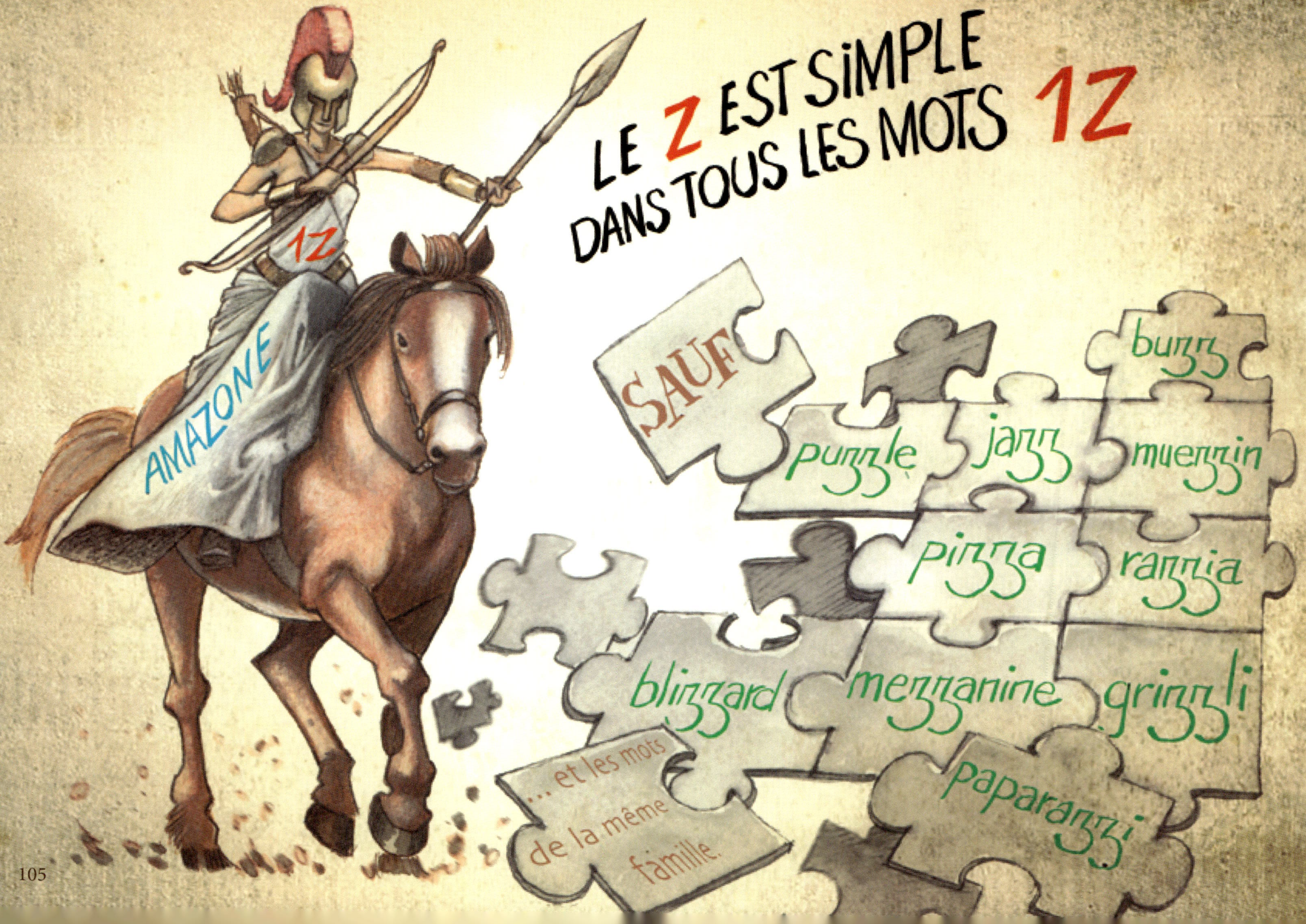
LE Z EST SIMPLE DANS TOUS LES MOTS 1Z
1Z
AMAZONE
SAUF
puzzle
jazz
muezzin
buzz
pizza
razzia
blizzard
mezzanine
grizzli
paparazzi
... et les mots de la même famille.

DEPUIS 1990 :
PAS D'ACCENT ^ SUR LE « I » ET LE « U » :
BOITE, PIQURE

Sauf : le dû, le jeûne, croître
(mais pas les dérivés comme accroitre)
sûr et certain, une mûre, un fruit mûr (mais une fraise mure)
et en conjugaison avec nous et vous au passé-simple :
nous sortîmes, vous voulûtes,
et à la 3ème personne du singulier au subjonctif parfait
et plus-que-parfait : ... qu'il suivît, ... qu'il eût suivi.
Ainsi que les noms propres et leurs adjectifs dérivés
qui gardent l'accent : Nîmes, nîmois...

DEPUIS 1990 :

PAS D'ACCENT ^ SUR LE I ET LE U

~~ÛÎ~~

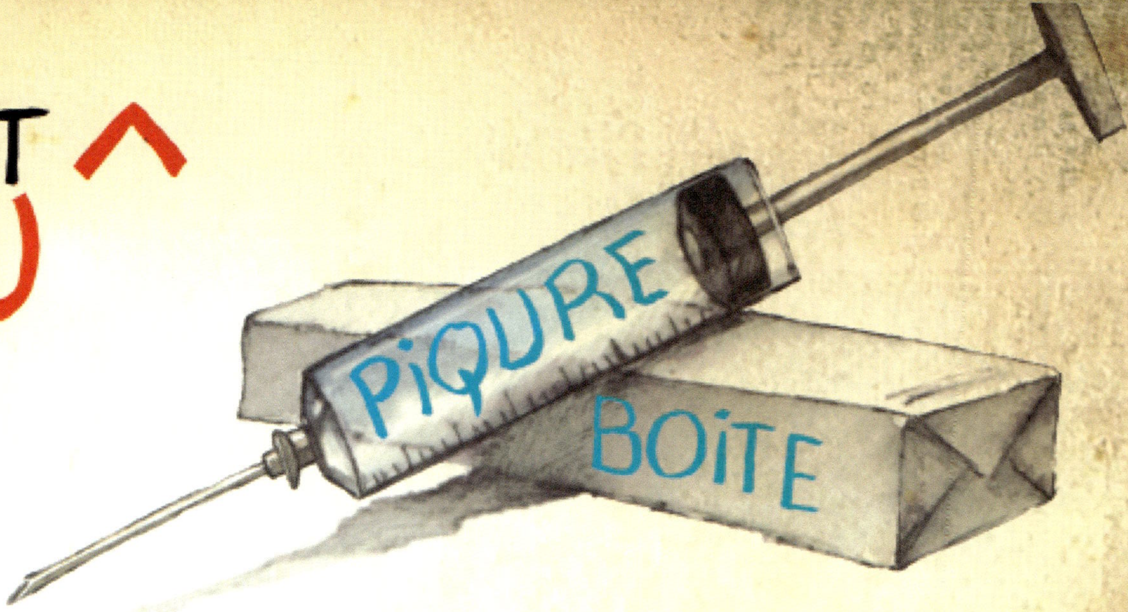

SAUF

le dû, le jeûne, croître mais pas les dérivés comme accroitre.
sûr et certain ≠ sur un mur. Une fraise mure sur un mur
un fruit mûr ≠ sur un mur. Une mûre et un fruit mûr
et en conjugaison, au passé-simple avec nous et vous
et à la 3ème personne du singulier
au subjonctif parfait
et plus que parfait

Sommaire

45113840R00065

Printed in Poland
by Amazon Fulfillment
Poland Sp. z o.o., Wrocław